MINISTÈRE
DE L'INSTRUCTION PUBLIQUE ET DES BEAUX-ARTS

BULLETIN

HISTORIQUE ET PHILOLOGIQUE

DU

COMITÉ DES TRAVAUX HISTORIQUES

ET SCIENTIFIQUES

FRANCIS MOLARD

LES ÉVÊQUES DE LA CORSE

PARIS
ERNEST LEROUX, ÉDITEUR
28, RUE BONAPARTE, 28

M DCCC XCI

LES ÉVÊQUES DE LA CORSE.

Communication faite à la Sorbonne, au dernier Congrès des Sociétés savantes, par M. Francis Molard, archiviste de l'Yonne.

Additions à l'Italia sacra.

Personne n'ignore qu'en 1092, le pape Urbain II donna la primatie de Corse à l'archevêque de Pise. Ce privilège ayant excité au plus haut degré la jalousie des Génois, qui croyaient avoir autant de droits que leurs rivaux à la domination de cette île, en 1133, le pape Innocent II crut devoir prêter la main à une transaction, et partager l'objet du litige entre les deux parties. L'archevêque de Pise eut donc pour suffragants les évêques d'Aleria, de Sagone et d'Ajaccio ; celui de Gênes devint le métropolitain de ceux de Mariana, de Nebbio et d'Acci. L'évêché d'Acci, ayant été formé d'un démembrement des diocèses d'Aleria et de Mariana, fut réuni définitivement à celui-ci sous le pontificat de Pie IV.

L'incendie des archives de Pise, qui a eu lieu durant la première moitié du XIVe siècle, très probablement en 1315, lors de la révolte contre Uguccione della Faggiola, l'ignorance où presque tous les érudits ont été des archives de la Chartreuse de Pise, les pertes des archives de Gênes, ont rendu fort incomplètes les listes des prélats de la Corse fournies par Ughelli dans son *Italia sacra*, et par le Catalogue de Gams. Un court séjour en Corse et une longue mission en Italie m'ayant permis d'examiner une grande quantité de documents alors presque tous inédits ou peu connus, je vais tenter de rétablir à leur place, ou donner de nouveaux détails sur plus de vingt évêques ou dignitaires des diocèses d'Aleria, de Nebbio, Mariana et Sagone

Les sources d'où j'ai pu tirer cette restitution sont les suivantes :

1° Les archives de la province et de l'archevêché de Pise. Celles-ci se subdivisent en archives de la mense et de la cour archiépiscopale, et en archives du chapitre.

2° Les archives de la Chartreuse de Pise, ou Valgraziosa. Ce dépôt, qui, ainsi que je l'ai démontré dans un de mes travaux antérieurs, n'a pu être visité ni par Muratori, ni par nos Bénédictins, contient les chartriers des couvents des Saints Vito et Gorgone, réunis par le pape saint Léon IX le 16 octobre 1051, et donnés en 1373 à la Chartreuse de Pise, Calci, ou Valgraziosa, fondée quatre années auparavant par le pape Grégoire XI. La partie de ces précieuses archives qui concerne la Corse a été scindée en deux. Peu après 1808, lors de la suppression des couvents de la Toscane, cent cinq pièces furent renvoyées dans l'île, et se trouvent encore aujourd'hui au dépôt de la préfecture, où je les ai inventoriées et copiées en 1869-1870. Cent quatre-vingt-un documents, concernant le même pays, sont restés au chartrier de Valgraziosa. Plusieurs sont les doubles de ceux qui se trouvent à Ajaccio. A cet ensemble de titres, il faut ajouter trois liasses, renfermant ensemble deux cent cinquante-quatre pièces, et allant, comme dates extrêmes, de 1702 à 1821. Il y est amplement question des circonstances qui ont accompagné le séquestre des biens des Chartreux en Corse, et des vaines tentatives faites jusqu'en 1821 pour les recouvrer.

3° Les bibliothèques de Gênes, et notamment un manuscrit de la Bibliothèque de l'Université, d'où j'ai tiré le serment de fidélité prêté par les évêques d'Acci et de Nebbio à l'archevêque de Pise en 1238 et en 1247. Ce document faisait partie d'un recueil de pièces envoyé par moi au Ministère de l'Instruction publique durant l'une de mes missions en Italie. On l'a déposé à la Bibliothèque nationale, où il est catalogué sous les numéros 1693 et 1696. M. l'abbé Letteron, président de la Société des sciences historiques et naturelles de Bastia, en a profité pour publier dans son *Bulletin* ce document ainsi que plusieurs autres provenant de la même source. J'ajoute que, dans ce même recueil, et durant le second semestre de 1889, une grande partie des titres de la Gorgone, déposés aux archives d'Ajaccio, a été éditée, non d'après les originaux, mais suivant une copie du défunt bibliothécaire de Bastia, l'érudit M. Caraffa. Bien que j'eusse préparé moi-même, en copiant les originaux, une édition de ces chartes, je les tiens pour publiées, et je n'adjoindrai à mon petit travail, comme pièces justificatives, que celles qui sont absolument inédites, ou dont la transcription pourrait n'être pas suffisamment exacte.

Enfin, je ne dois pas oublier que mon jeune et savant confrère d'Ajaccio a découvert récemment, à Vico, une notable portion des archives de l'évêché de Sagone. Je m'en rapporte donc à lui pour reviser, au moins en cette partie, mes listes qui resteront forcément incomplètes.

Ceci posé, je vais énumérer brièvement les évêques que j'ai pu restituer à chaque diocèse, avec indication sommaire des sources où j'ai puisé.

ACCI

1. *Opizo*, évêque d'Acci, 1237. Serment de fidélité prêté par lui à l'archevêque de Gênes. (Ms. 1693 de la Bibliothèque nationale, publié par le *Bulletin de la Société des sciences de Bastia*, 59°-60°-61° fascicule, p. 199.)

ALERIA

1. *Landolfe*, évêque d'Aleria (1095, 1096, 1098).

Ce prélat figure dans trois chartes qui se trouvent également en original aux Archives de la Corse, et dans celles de la Chartreuse de Pise.

1° Landolfe, évêque d'Aleria, du consentement d'Hugues, marquis de Corse, de ses barons et du peuple, donne au monastère de la Gorgone, représenté par son abbé, Don Pisano, l'église de Santa Reparata en Balagne, avec toutes ses dépendances, sous condition d'une rente de 4 deniers de Lucques, payable chaque année entre les mains du plébain de Santa Eterna. Il y ajoute l'octroi dans la plaine d'Aleria, d'autant de terres qu'il en faut pour semer vingt leuperts de blé. Fait à Corte di Carco, le 6 avril 1095, indiction V (style pisan).

2° Bref pour mémoire de la réduction d'une rente due par le monastère de la Gorgone à l'évêché d'Aleria, sur le bénéfice de Santa Reparata en Balagne. Cette réduction est consentie par l'évêque Landolfe à son retour de Rome (sans date ; présumé de 1096 ; style pisan).

3° Confirmation de la donation précédente (1098, style pisan).

On trouve, dans une confirmation générale des biens de la Gorgone, qui date de 1118, (style pisan), un Landolfe, évêque d'Aleria, qui paraît être le même que le précédent. Il faut ajouter que, pour les trois premiers documents, les exemplaires de la préfecture paraissent être d'un bon nombre d'années postérieurs à ceux de la Chartreuse, qui seraient alors les véritables originaux. Quant au titre de 1118, il est en original à la Chartreuse.

II. *L.* (Landolfe II ?), évêque d'Aleria (1257). Lettre de Frédéric, élu de Pise, par laquelle il ordonne à tous les recteurs des églises de son diocèse de choisir deux ou trois femmes pieuses par paroisse, à l'effet de quêter une fois par semaine, au profit des religieuses de Sant'Agostino, près le faubourg de Saint-Marc, accordant vingt-cinq jours d'indulgence à ceux qui leur feront aumône. Avec la permission du susdit élu, L., évêque d'Aleria, leur concède une indulgence d'égale durée. Le titre est daté du 3 février 1257. Je restitue « Landolfe », parce que c'est un nom d'origine lombarde, à la fois commun en Toscane et en Corse. Ce Landolfe, en supposant la restitution véritable, est probablement le même que celui qui, dans Ughelli, cherche, vers 1252, à attirer des colons toscans dans sa ville épiscopale dévastée par les Sarrasins. (Arch. de Pise, Fonds de San Lorenzo alla Rivolta.)

III. *Frère Gherardo*, mentionné dans Ughelli en 1322, et encore en fonctions en 1329 d'après une quittance des revenus de l'archevêché de Pise. (Archives Roncioni.) Suivant Ughelli, Gherardus Orlandinus appartenait à l'ordre des Frères Hermites de Saint-Augustin. Il fut évêque d'Aleria dès 1322. En 1328, il se jeta dans le parti de Louis le Bavarois et de l'antipape Pierre de Corbières, qui fit son abjuration à Pise en 1330, et mourut dépouillé de toutes ses dignités.

IV. *Blaxio*, cité dans Ughelli à la date de 1362, et dont je retrouve le nom en 1364 sur trois copies extraites par son ordre des archives du couvent de Santo Stefano di Venaco, en Corse. (Arch. de Pise, Fonds de San Michele in Borgo.)

SAGONE

I. *André*, évêque de Sagone (1176). Transaction faite par devant André, évêque de Sagone, et Landolfe, évêque de Nebbio, entre Gui, abbé de la Gorgone, et Jean, plébain de Luri, au sujet des dîmes de Sainte-Marie du Cap Corse, et des limites de ces deux pièves (1176, style pisan). Arch. du département de la Corse.)

II. *Rolandino* (1289). Rolandino, évêque de Sagone en Corse, ayant reçu de Guarnieri, fils de feu Corda di Capitono, de la paroisse de San Vito, la somme de 44 livres génoises, à titre de prêt, dans le but d'acquitter la dette qu'il avait dû contracter envers le fameux archevêque Ruggieri, lors de son voyage à Pise pour se faire consacrer, promet de satisfaire le susdit Guarnieri sur les biens de son évêché, en lui donnant toute faculté de percevoir les revenus de la terre d'Aronte. Fait à Vico, le 1er septembre 1289 (style pisan). (Arch. Roncioni.)

III. *Vincent*, évêque schismatique de Sagone (1329). Bulle de l'antipape Nicolas V, (Pierre de Corbières), adressée à Frà Vincenzo, évêque de Sagone, dépouillé de son siège par Jean XXII, et aux moines de la Gorgone, pour leur annoncer, que, sur la prière de leur abbé retenu à Florence, il nomme le susdit Vincenzo administrateur temporel des monastères des SS. Vito et Gorgone. L'évêque légitime nommé par Jean XXII était, d'après Ughelli, Frère Antoine de l'ordre des Mineurs, qui tint le siège de 1328 à 1331. (Arch. de la Chartreuse de Pise; voir aux pièces justificatives.)

IV. *Bernard*, évêque de Sagone (1350). Giovanni, archevêque de Pise, charge le Frère Giovanni, de l'ordre des Mineurs, de notifier ses lettres pastorales à Bernard, évêque de Sagone, son suffragant. Par ces lettres, il lui enjoignait d'absoudre publiquement les prêtres Giovanni et Nutto, excommuniés par le susdit évêque comme usurpateurs de dîmes, réputées faussement du domaine de la mense épiscopale. L'évêque Bernard accabla d'injures l'envoyé de l'archevêque de Pise, prétendant que les lettres dont il était porteur étaient entièrement fausses, le déclara excommunié, et le priva du droit de confesser et de prêcher. Le même évêque est encore mentionné, en 1352, dans une sentence rendue par l'archevêque de Pise en faveur de l'abbaye de San Bartolommeo di Fossato, qui était troublée par le susdit prélat dans l'exercice de ses droits sur l'église de San Giovanni de Calvi. (Arch. de l'archevêché de Pise, Mense.) C'est sans doute le même qu'Ughelli mentionne en 1343, sous le nom de Bernardus de Montesio.

V. *Hieronimo Anconitano*, (d'Ancône), cité par Ughelli comme évêque de Sagone en 1567, devenu archevêque de Teano en 1578. Ce même prélat, d'après Giovan Cibo Recco, historien génois inédit, aurait, en 1569, réuni les principaux chefs rebelles à Vico, dans un couvent de Franciscains, et tenté, mais en vain, de les amener à se soumettre à la république de Gênes.

MARIANA OU MARANA

I. *Ildebrand*, évêque de Mariana (1113, 1116, 1118).

1º Ildebrand, évêque de Mariana, fait don au monastère de la Gorgone de la piève de Santa Maria di Chiappella, et de l'église de San Sisto avec toutes leurs dépendances, sous condition d'une rente annuelle de 12 deniers de Lucques (1113, style pisan).

2° Ildebrand, évêque de Mariana, donne au monastère de la Gorgone l'église de San Nicolas de Tomino avec toutes ses dépendances, 1116 (style pisan). Cette donation fut faite dans le concile tenu à Mariana à la même époque, sous la présidence de Roland, évêque de Populonie et légat du pape, et confirmée avec la possession de quantité d'autres biens, dans un nouveau concile tenu à Marana en 1118, (style pisan), sous la présidence de Pierre, cardinal de Sainte-Suzanne et légat apostolique. L'évêque Ildebrand assiste à ce concile. Deux doubles de ces deux premières chartes, ainsi que les originaux sont à Ajaccio. Mais, de ces deux doubles, l'un est de la fin du XII° siècle, et l'autre est suspect, ou tout au moins de date fort postérieure. Trois autres originaux, ou doubles originaux de ces deux documents sont à la Chartreuse de Pise.

II. *Tedald*, évêque de Mariana (1126). Tedald, évêque de Mariana, confirme et met à exécution la donation de la piève de Santa Maria di Chiappella, faite au monastère de la Gorgone par son prédécesseur Ildebrand, (1126, style pisan). Ce titre se trouve à Ajaccio seulement. Il est confirmé en 1160 par une bulle du pape Alexandre III.

III. *Landolfe*, évêque de Mariana (1137). Confirmation par ledit prélat de la possession de la cure de Santa Maria di Chiappella aux religieux de la Gorgone (1137, style pisan). Archives de la Chartreuse.

IV. *Pierre*, évêque de Mariana (vers 1150).

1° Donation faite par Pierre, évêque de Mariana, au monastère de la Gorgone, de l'église de Saint-Hippolyte, avec réserve pour son chapitre de la moitié de l'offrande qui se fait en cette église, le jour de la fête patronale, (vers 1150, style pisan).

2° Le même prélat donne au couvent des SS. Vito et Gorgone la dîme d'Orto, que possédait autrefois Pierre de Sasso (1158, 6 janvier, style pisan). Ces deux documents se trouvent à Ajaccio.

V. *Pierre* et *Barthélemy*, son successeur, évêques de Mariana, (vers 1160). Confirmation aux Bénédictins de la Gorgone de tous les biens qu'ils possèdent dans le diocèse, et donation de l'église de Saint-Hippolyte, sauf la moitié de l'offrande aux jours de fête, qui est réservée aux chanoines (sans date ; vers 1160 ; style pisan). (Arch. du département de la Corse).

VI. *Pandolfe*, évêque de Mariana (1237).

1° Serment de fidélité prêté par l'évêque Opizo d'Acci à l'archevêque de Gênes (1237). (Voir plus haut, et les manuscrits 1693 et 1696 du fonds italien de la Bibliothèque nationale.)

2° Pandolfe, évêque de Mariana, choisi comme arbitre pour terminer un litige entre les chanoines de sa ville épiscopale et l'abbaye de Monte-Cristo, se décide en faveur de ladite abbaye (1242, style pisan). (Arch. de Pise, Fonds de San Michele in Borgo.)

VII. *Gui*, évêque élu de Mariana et son archidiacre Guillaume (1278). Bulle du pape Nicolas III, adressée à Guidone, évêque élu de Mariana, et à son archidiacre Guillaume, par laquelle il leur ordonne de faire droit aux réclamations des moines de la Gorgone, dont les Frères Ildebrando,

Giudici de Lireto, chevaliers, et le damoiseau Nigro, retenaient indûment diverses propriétés, sous prétexte de gages et d'hypothèques (1278, style pisan). Ce document se trouve à la Chartreuse de Pise.

VIII. *Gonsalvo*, évêque de Mariana (1504). Bulle du pape Jules II, enjoignant à l'évêque Gonsalvo et à son archiprêtre, de faire rentrer en la possession des Chartreux de Pise tous ceux de leurs biens que l'on aurait illicitement soustraits ou vendus, (1504, style florentin). Ce titre se trouve à Ajaccio.

1. *Andrea Suzzoni*, vicaire général de l'évêché de Mariana (1392). Don Geronimo, prieur du couvent de la Gorgone, du consentement du chapitre, élit le prêtre Antonio, quoique absent, au rectorat des églises de Saint-Nicolas de Tomino, et de Santa Maria di Chiappella. Andrea Suzzoni, vicaire général du diocèse de Mariana, est autorisé à le remplacer provisoirement (1392, 29 mai, style florentin). (Copie tirée des archives de Pise, en date du 27 octobre 1492). Se trouve à Ajaccio.

2. *Antonio*, vicaire général de l'évêché de Mariana (1462). Sentence arbitrale d'Antonio, vicaire général du diocèse de Mariana, par laquelle il détermine les confins de la paroisse de Mariana et du canonicat de San Pietro di Nuvolo de Bagnaria (1462, style florentin). (Arch. de Pise, Fonds de San Michele in Borgo.)

3. *Antonello di Cucchiarelli*, vicaire général du diocèse de Mariana (1505, style florentin). Lettres de compulsoire adressées à Antonello di Cucchiarelli, vicaire général du diocèse de Mariana, au sujet des usurpations du prêtre Bilesco, plébain intrus de Santa Maria di Chiappella (1505, style florentin). Se trouve à Ajaccio.

Nebbio

I. *Landolfe I*[er], évêque de Nebbio (entre 1050 et 1080). Bref portant revendication d'Adam, abbé de la Gorgone, au sujet du manse de Brumica et de ses dépendances, par devant Albert, marquis de la Corse, qui fait droit à la réclamation, (sans date; écriture de la seconde moitié du xie siècle; entre 1050 et 1080; style pisan). On y remarque une interpolation du xiie siècle. Signature de Landolfe, évêque de Nebbio, et de ses deux fils, Ursus et Antonellus, présents à l'acte. L'original est à la Chartreuse de Pise. Une copie assez postérieure se trouve aux archives d'Ajaccio.

II. *Guillaume I*[er], évêque de Nebbio (1124). Don fait par Guillaume, évêque de Nebbio, au monastère de la Gorgone, de l'église de San Thomas sur Canari, en Cap Corse, le susdit monastère devant fournir annuellement 2 livres de cire pour la chapelle épiscopale, et en appliquer le revenu au fils bien-aimé du donateur, le moine Baldino, trop faible pour supporter les austérités de la règle (1124, 6 janvier, style pisan). Se trouve à Ajaccio; se trouve plus complet à la Chartreuse.

III. *Landolfe II*, évêque de Nebbio (1138). Donation faite au couvent de la Gorgone, du consentement du peuple et du clergé, par Landolfe, évêque de Nebbio, de l'église de Saint-Pierre de Masenthana, et des dîmes, de Cuba di Serrato, et Sainte-Marie de Nebbio, (1138, 31 mars, style pisan). A la Chartreuse de Pise.

IV. *Guillaume II*, évêque de Nebbio (1145).

1° Donation faite au monastère de la Gorgone, du consentement du clergé et du peuple, par Guillaume, évêque de Nebbio, de l'église de San Cerbone di Valaneto, et des prairies situées aux lieux dits *Atha* et *Olfo*, avec le suif provenant des troupeaux qui y paissent, moyennant rente annuelle de 6 deniers de Lucques (1145, 31 mars, style pisan).

2° Guillaume, évêque de Nebbio, vend au monastère de la Gorgone, cinquante denariées de terre, situées lieux dits *la Fica* et *Tramarina*, pour le prix de 100 sous destinés à l'achat d'un livre de prières (même date, même style).

Ces deux actes se trouvent en doubles et originaux, à la fois aux archives de Corse et dans celles de la Chartreuse.

V. *Landolfe* [III] (entre 1150 et 1160).

1° Landolfe, évêque élu de Nebbio, confirme les donations faites au monastère de la Gorgone par Guillaume, son prédécesseur, et par un autre Landolfe, prédécesseur dudit Guillaume, (sans date; présumé d'entre 1150 et 1160; style pisan). Se trouve à la Chartreuse.

2° Le même, ou du moins je le suppose, prend part à la transaction faite de concert avec André, évêque de Sagone, entre Gui, abbé de la Gorgone, et Jean, plébain de Luri, au sujet des dîmes de Sainte-Marie du Cap Corse et des limites de deux pièves (1176, style pisan). Se trouve à la Chartreuse.

VI. *Jean*, évêque de Nebbio (1237). Ce prélat assiste au serment de fidélité prêté par l'évêque d'Acci à l'archevêque de Gênes en 1237 (style génois, v. plus haut).

Jean, évêque de Nebbio (1285).

1° Résignation de la paroisse de San Cerbone de Valaneto, faite par le prêtre Pierre entre les mains de Dom Angelo, moine et procureur de l'abbaye de la Gorgone (1285, 20 août, style pisan). (Arch. du département.)

Ughelli place la mort de ce prélat en 1311, et c'est la seule mention qu'il en fasse.

2° Procuration donnée par Dom Giovanni, abbé de la Gorgone, à Jean, évêque de Nebbio, quoique absent, pour présenter en son lieu et place qui il voudra pour le rectorat de San Cerbone di Valaneto (1306, style pisan). (Arch. du département.)

Giovanni Fisico, évêque de Nebbio (1295-1311).

1° Ordinations de prêtres célébrées à Pise, dans l'église de Sant'Apolcinare in Barbaricina, par Giovanni Fisico, évêque de Nebbio (1295, 25 février, style pisan). (Arch. du chapitre de Pise.)

2° Vente faite par Giovanni Fisico, fils de feu Ugaccione de Nebbio, évêque du diocèse de ce nom, d'une créance de 38 livres pisanes à Betto Tascallino, qui, en 1303, la cède à un de ses amis (1297, style pisan). Se trouve aux archives de Pise, La Primatiale.

VII. *Raphaël Spinola*, évêque de Nebbio (1331-1347).

1° Raphaël Spinola, évêque de Nebbio, délégué par le Saint-Siège pour réformer les églises en Corse, approuve l'antique usage par lequel les paroissiens de San Cerbone di Valaneto, après avoir chanté une messe solennelle, sortent en procession le jour de la Quadragésime, avec des fagots d'échalas sur l'épaule pour en munir la vigne du presbytère (1346, 28 février, style génois). Se trouve à Ajaccio.

Suivant Ughelli, Raphaël Spinola prit possession de son siège en 1331, et il existait encore en 1346, ce qui est confirmé par la charte précédente et la suivante.

2° Le prêtre Sozzone, curé de San Gregorio et de San Cerbone di Valaneto, expose à Raphaël Spinola, évêque de Nebbio, que les limites de son bénéfice, fixées par la donation des comtes Agnaldo et Alloconte, et confirmées par l'évêque Guillaume, l'un de ses prédécesseurs, sont journellement violées par les curés voisins, et le prie de mettre fin à cet état de choses. Ledit Raphaël accueille cette demande, tout en réservant les droits du recteur de San Michele di Loreta (1347, 3 août, style génois). Se trouve à Ajaccio.

IX. *Guillaume*, évêque de Nebbio (1363). Le pape Urbain V, par bulle donnée à Avignon, l'an premier de son pontificat, charge l'archevêque de Pise de faire restituer à Guillaume, évêque de Nebbio, tous les biens qui dépendent de sa mense épiscopale, sous peine de censure ecclésiastique contre les détenteurs (1363, style pisan). (Arch. de la mense archiépiscopale de Pise.)

X. *François*, évêque de Nebbio (1429-1439).

1° Quittance donnée à Frère Alessio, procureur de l'abbaye de la Gorgone, d'une rente de 5 sous de Lucques que ce monastère doit à son évêché. Cette rente a été payée durant les dix ans écoulés depuis qu'il est évêque de Nebbio (1439, style florentin). (Archives du département.) — Note inscrite sur un exemplaire de la *Cartula offersionis Guillielmi Nebbiensis episcopi* (1145, 31 mars, style pisan).

En résumé, le nombre des évêques inconnus d'Ughelli se monte à vingt-un ; celui des prélats pour lesquels il est fourni de nouveaux documents s'élève à cinq, et celui des vicaires généraux à trois seulement. Ughelli cependant cite un Guillaume, évêque de Nebbio, d'après un vieux sceau trouvé dans les ruines de l'antique église de San Martino de Laneveggia, et intitulé *Sigillum Guiliermi Nebbiensis episcopi*. Mais cette indication, ne portant aucune date, n'a pas de valeur.

Plusieurs des documents les plus anciens cités en ce petit travail, quatre au moins, ont été cités par Cambiaggi, d'après les manuscrits de Conari, dans le tome Ier de son *Histoire de Corse*, page 86. Il en a été de même pour la *Cartula offersionis Landolfi Aleriensis episcopi* (6 avril 1095), qui a été mentionnée non seulement par Cambiaggi, mais encore par les *Annales Camaldulenses*, tome VI, Append., n°s 30, 31 et suiv.

Depuis, M. l'abbé Letteron de la Société savante de Bastia, a publié dans le dernier semestre de l'année 1889, (103°, 104°, 105° et 106° fascicules, vol. XVIII, 2° partie, p. 220 et suiv.) quarante-six des documents de la Gorgone, qui se trouvent actuellement aux archives départementales à Ajaccio. Cette édition est faite d'après une copie de M. Ph. de Caraffa, ancien bibliothécaire de Bastia. Il serait utile de la conférer avec les originaux.

Les deux documents que je donne à la suite de ce travail sont inédits et proviennent des archives de la Chartreuse de Pise.

I

Cartula confirmationis donationum ab antecessoribus Landulfi, Nebiensis electi factarum, (sans date; vers 1160, style pisan).

In nomine sancte et individue trinitatis, amen. Certum et manifestum est, Donnus Guilihelmus, Nebiensis episcopus, olim concessit decimam sue ecclesie, ob amore Dei, Donno Johanni, abbati Sancti Gorgoni et Sancti Viti, suisque fratribus. Et quia ab eo et suis fratribus, sepissime grata servitia receperat, et eundem animum et voluntatem in nos abere, et sua servitia, pro nostra voluntate, benigne conferre cognoscimus, per hanc cartulam, Ego, Landulfus, Dei gratia, Electus episcopus Nebiensis ecclesie, communicato consilio clericorum et laicorum mei episcopatûs, concedo, dono, et perpetualiter trado, decimam de curia predicte ecclesie Sancte Marie, et decimam de curia de Cuba, et decimam de curia de Serrata, et unam ecclesiam cui vocabulum est Sancti Petri de Masenthana, qui est juris mei episcopatus, cum omnibus sibi pertinentibus. Quam nostram concessionem, si Ego, qui supra, Landulfus Electus, vel meus successor, vel aliqua persona, predictam decimam et ecclesiam Sancti Petri, cum omnibus sibi pertinentibus, tollere vel minuere, ausus fuerit, volo et spondeo componere predicto monasterio et Donno abbati, suoque nuntio, omnia in duplum sub extimatione, et insuper Dei maledictionem et nostram, nisi forte resipuerit, et infra tertium diem post inquisitionem juste emendaverit.

(*Chartreuse de Pise*.)

II

Bullæ antipapæ Nicholai Quinti, ad Vincentium, episcopum Sagonensem directæ, et ubi de administratione monasterii Gorgonæ tractatur.

In Eterni Dei nomine, amen. Ex hoc publico instrumento, sit omnibus manifestum, quod Dominus Frater Bonifatius Falconis, rector Hospitalis Sancte Marie Virginis, Domini nostri Nicholai pape quinti, vicarius in

---

(¹) 30 janvier 1329. Le style pisan concorde ici avec le style vulgaire : l'acte ici transcrit est une copie vidimée. Nicolas V (Pierre de Corbières), du 12-22 mai 1328 au 25 août 1330.

civitate et dyocesi pisana, in spiritualibus et temporalibus, habens, ut dicebat, in mandatis, a dicto Domino papa infrascripta facere, coram me, Johanne notario, et testibus infrascriptis, representavit Donno Bernardo et fratri Petro, monacis, et fratribus Guillelmo, Benvenuto et Bartolo, conversis monasteriorum Sanctorum Gorgoni de ynsula Gorgone et Viti pisani, qui sunt omnes monaci et conversi, nunc in ipso monasterio degentes, licteras administrationis dictorum monasteriorum, reverendo in Christo patri et Domino, Domino Donno Vincentio, dei gratia Episcopo Sagonensi concessas, per sanctissimum in Christo patrem et dominum, dominum Nicholaum, dei gratia, sacrosancte romane Ecclesie Summum pontificem. Que lictere sigillate erant, eius solita bulla plumbea, una in filo canapis et reliqua in filis serici crocei et rubei coloris, non vitiate, non cancellate, non abolite, non abrase, nec in aliqua sui parte suspecte.

Quarum licterarum prime tenor sic est:

Nicolaus episcopus, servus servorum Dei, Venerabili fratri nostro Vincentio, Episcopo Sagonensi, monaco et administratori monasteriorum Sanctorum Gorgoni de insula Gorgone et Viti pisani, simul unitorum, salutem et apostolicam benedictionem.

Regimini universalis ecclesie, quamquam insufficientibus meritis, disponente Domino, presidentes, de universis orbis ecclesiis et monasteriis, pro eorum statu salubriter dirigendo, quantum nobis ex alto permictitur solicitè cogitamus. Sed eorum propentior solicitudo nos urget, quas propriis ob devotionem ecclesie pastoribus a scismaticis captivatis viduatas, conspicimus subiacere, ut illis per nostre cooperationis studium, administratores proficiantur ydonei, qui sciant et possint, eisdem Ecclesiis et monasteriis, prodesse utiliter et preesse.

Sanè presentata nobis pro parte consanguineorum dilecti filii N... abbatis monasteriorum Sanctorum Gorgoni de ynsula Gorgone et Viti pisani, simul unitorum, detenti Florentie, ob devotionem ecclesie antefate, petitio continebat ut dicti abbatis inopie, paterno compatientes affectu, te, Episcopum Sagonensem, monasteriorum monacum prefatorum, quem dampnatus hereticus Jacobus de Caturco, ob eandem devotionem, nequiter spoliavit, administratorem in spiritualibus et temporalibus generalem, cum pleno mandato omnia et singula faciendi, que idem abbas, si adesset, facere posset, constituere dignaremur, donec idem abbas restitutus fuerit pristine libertati. Nos igitur, cuius interest Ecclesiarum necessitatibus providere, de ipsorum monasteriorum ordinatione, ne per dicti abbatis absentiam, dispendia prolixe vacationis incurrerent, paterna solicitudine cogitantes, intendentes eisdem monasteriis utiliter providere, persone tue de religionis zelo, vite munditia, honestate morum, conversatione placida et aliis virtutum meritis, nobis, fidedignorum testimonio commendante, dictorum monasteriorum administrationem plenariam, in spiritualibus et temporalibus, cum pleno mandato omnia et singula faciendi, que idem abbas, si adesset, faceret posset, duximus, auctoritate apostolica specialiter commictendam, donec idem abbas restitutus fuerit pristine libertati, dantes tibi firmiter in mandatis, ut de bonis et redditibus dictorum monasteriorum, necessitatibus abbatis predicti detenti, et eius liberationi quam ferventer appetimus, studeas, prout, secundum Deum expedire videbis, providere, et eorum monasteriorum possessiones et hedificia reparare, in eis hospitalitatem consuetam et debitam exercere, ac personis prefatorum monasteriorum, de vite necessariis providere, tibi curam et administrationem, tam in spiritualibus quam in temporalibus eorumdem plenarie commictendo, summa concepta fiducia, quod, dirigente Domino actus tuos, prefata monasteria per tue circumspectionis industriam prospere dirigentur, et salubria, dante domino, suscipient incrementa. Quocircà, Fraternitati tue, per apostolica scripta mandamus, quatinùs impositum tibi onus a Domino devote suscipiens, administrationem eorumdem monasteriorum, sic fideliter geras et solicite prosequaris, quod prefata monasteria administratori fructuoso et provido, gaudeant tibi commissa, tuque provide premium eterne retribucionis acquiras, ac nostram et dicte Sedis benedictionem et gratiam, uberius consequi merearis. Datam Pisis, septimo kalendas februarii, pontificatus nostri anno primo.

Et secunde tenor sic est:

Nicolaus episcopus, servus servorum Dei, dilectis filiis, priori et conventui monasteriorum Sanctorum Gorgoni de ynsula Gorgone et Viti pisani, simul unitorum, ordinis Sancti Benedicti, salutem et apostolicam benedictionem.

Regimini universalis ecclesie, quamquam insufficientibus meritis, disponente Domino, presidentes, de universis orbis ecclesiis et monasteriis, pro eorum statu salubriter dirigendo, quantum nobis ex alto permictitur, solicitè cogitamus. Sed eorum propentior solicitudo nos urget, quas, propriis ob devotionem ecclesie pastoribus a scismaticis captivatis viduatas, incommodis conspicimus subiacere, ut illis per nostre cooperationis studium, administratores preficiantur ydonei, qui sciant et possint eisdem ecclesiis et monasteriis, prodesse utiliter et preesse. Sanè presentata nobis, pro parte consanguineorum dilecti filii N... abbatis monasteriorum Sancti Gorgoni de ynsula Gorgone et Viti pisani, simul unitorum, detenti Florentie, ob devotionem Ecclesie antefate, petitio continebat, ut dicti abbatis inopie, paterno compatientes affectu, venerabilem fratrem nostrum, Vincentium, episcopum Sagonensem, monasteriorum monacum prefatorum, quem dampnatus hereticus Jacobus de Caturco, ob eandem devotionem, nequiter spoliavit, administratorem in spiritualibus et temporalibus generalem, cum pleno mandato omnia et singula faciendi que idem abbas, si adesset, facere posset, constituere dignaremur, donec idem abbas restitutus fuerit pristine libertati. Nos igitur, cuius interest ecclesiarum necessitatibus providere, de ipsorum monasteriorum ordinatione, ne per dicti abbatis absentiam, dispendia prolixe vacationis incurrerent, paterna solicitudine cogitantes, intendentes eisdem monasteriis utiliter providere, persone tue, de religionis zelo, vite munditia, hone state morum, conversatione placida, et aliis virtutum meritis, nobis fide-dignorum testimonio commendante, dictorum monasteriorum administrationem plenariam in spiritualibus et temporalibus, cum pleno mandato omnia et singula faciendi que idem abbas, si adesset, facere posset, duximus, auctoritate apostolica specialiter commictendam, donec idem abbas restitutus fuerit pristine libertati, dantes ei firmiter in mandatis, ut de bonis et redditibus dictorum monasteriorum, necessitatibus abbatis predicti detenti et eius liberationi, quam ferventer appetimus, studeat, prout secundum Deum expedire videbit providere, et eorum monasteriorum possessiones et hedificia reparare, in eis hospitalitatem consuetam et debitam exercere, ac personis prefatorum monasteriorum, de vite necessariis providere, et curam et administrationem, tam in spiritualibus et in temporalibus eorumdem plenarie commictendo, firma concepta fiducia quod, dirigente Domino actus suos, prefata monasteria, per sue circumspectionis industriam, prospere dirigentur, et salubria, dante domino, suscipient incrementa. Quocircà Discretioni vestre per apostolica scripta mandamus, quatinùs eidem Episcopo, tanquam patri et administratori vestro pareatis, et efficaciter intendatis eius salubria monita et mandata salubriter adimplendo. Alioquin sententias quas rite tulerit in rebelles, ratas et gratas habebimus et faciemus, auctore Domino, inviolabiliter observari. Datum Pisis, septimo kalendas februarii, pontificatùs nostri anno primo.

Quas litteras ipse Dominus Vicarius ipsis monacis et fratribus, et conversis vulgariter explanavit, coram me, Johanne notario et testibus infrascriptis, mandans ipsis monacis et conversis, ex parte dicti domini pape, ut eidem domino episcopo pareant in omnibus, tanquam eorum patri et pastori, et alia faciant que in dictis licteris continentur. Postque scripti monaci et conversi omnes fecerunt et prestiterunt scripto domino Episcopo, eorum administratori, reverentiam et obedientiam consuetam. Et mandavit mihi Johanni notario, quod inde publicum conficerem instrumentum. Actum Pisis, in ecclesia Sancti Viti scripti, presentibus, parente de Seta, quondam Bondiei, de Capella Sancti Viti, Andrea Grosso, quondam Coscii, de Capella Sancte Marie Maioris, Lenso, quondam Januensis, de Capella Sancti Viti, et presbitero Angelo, rectore ecclesie Sancte Marie Virginis, et aliis pluribus testibus ad hec rogatis. Dominice incarnationis anno millesimo trecentesimo vigesimo nono, indictione duodecima, tertio kalendas februarii secundum consuetudinem pisane civitatis.

Ego Johannes filius quondam Guidonis Chiassi de Septimo, pisanus civis, Imperiali auctoritate Judex ordinarius, predictis omnibus interfui, et ea rogatus scripsi et publicavi.

———

Le document, dont je donne ici la transcription, n'est lui-même qu'une copie de l'original rédigé à Rhodes même, sous les yeux et par les soins du grand maître des Hospitaliers de Jérusalem. Il a été scellé de la bulle ordinaire et du sceau de la préceptoreric de Sainte-Marie-Madeleine de

Dijon. Il est probable qu'il a été envoyé en la teneur, à tous les prieurés, à toutes les commanderies de France et d'Europe. Je l'ai retrouvé dans le fonds de la commanderie de Pontaubert, qui, ainsi qu'on le sait, faisait partie du grand prieuré de Champagne. Il a été indiqué, mais non édité par mon prédécesseur, M. Quantin, en son beau travail sur les commanderies de l'Yonne, publié dans l'*Annuaire* de 1882.

C'est une façon de circulaire, dans laquelle le grand maître, après un récit succinct, mais fort intéressant, des malheurs récents de la chrétienté en Orient, et notamment de la prise de Négrepont, (j'y reviendrai tout à l'heure), appelle, au secours de Rhodes menacé, tous les Hospitaliers de l'Europe.

Nous savons effectivement, par Vertot et Hammer, que Pierre d'Aubusson, successeur de Baptiste des Orsini, par des lettres adressées aux grands-prieurs, convoque tous les frères de l'ordre pour en défendre le boulevard. Il eut du reste à repousser un premier siège de la part des Ottomans. Or, Baptiste des Orsini, qui, comme on le voit, avait déjà eu recours à ce moyen suprême, fut intronisé grand maître en 1467 et mourut en 1476.

Sa lettre, fort élégante, au moins relativement, et portant la trace d'une émotion véritable, est partout empreinte de l'esprit classique qu'éveillait la Renaissance. Parmi les îles que menace la puissance musulmane, on le voit citer, *nivea Paros*, en souvenir de ses marbres, *masticea Chios*, dont le mastic parfumé était alors fort recherché.

Donc, Baptiste des Orsini, s'adressant au grand-prieur de Champagne, Girard Duhem, énumère nominativement les chevaliers du prieuré, qui, par leur âge ou leur expérience, étant capables de service militaire, devront, par la première occasion[1], (*primo passagio*), se transporter à Rhodes, accompagnés de leur suite, munis de vivres et de tout ce qui est nécessaire à la guerre. Ce sont, d'abord, le grand-prieur lui-même, Girard Duhem, Rivier Pot, des préceptoreries de Chalon, Pierre de Boisrond de la Romagne, les précepteurs Didier Grognet, Thierry de Saint-Loup, Jean Bayart, Jean de Fer et Jean du Châtelet.

Pour faire face aux frais de cet armement, il leur sera permis d'affermer pour trois ans d'avance, le prieuré, les chambres prieurales, les préceptoreries et les autres bénéfices, sauf le droit de demi-annate et les autres impôts qui alimentent le trésor commun. Quant aux frères qui ne sont point appelés personnellement, ils devront, selon leurs facultés, concourir par leur argent ou d'autre manière à la défense commune. L'acte, qui est de 1470, est en général fort lisiblement écrit ; malheureusement, quelques endroits ayant été effacés, un archiviste bien intentionné, mais peu habile en paléographie, a rétabli le texte, non tel qu'il était d'abord, mais tel qu'il l'a conjecturé. Il en est résulté qu'un mot situé dans le premier quart de la quatrième, n'a pu être établi avec une certitude suffi-

[1] Ou plutôt par le second grand passage annuel qui avait lieu en septembre (Note de la Réd.).

sante. Je l'ai lu *distinguli*. Ce mot, qui ne signifie rien, me paraît être une corruption de *de istambol*, soit de Constantinople. Mais ce n'est là qu'une hypothèse.

Je termine cette courte notice en faisant remarquer que le récit de la prise de Négrepont, (l'ancienne *Chalcis*), par le grand maître Baptiste des Orsini, contient un détail qui me paraît inconnu. Suivant Hammer[1], qui a résumé sur ce sujet toutes les relations vénitiennes et les historiens français, le commandant de l'artillerie, Tomaso Schiavo de Lebano, séduit par Mahomet II, aurait comploté de livrer la place. Mais ce projet, ayant été éventé par le Baile Paul Erizzo, le traître fut étranglé et pendu aux barreaux de son logis. D'après la lettre de Baptiste des Orsini, le complot n'aurait point été complètement étouffé, puisqu'il raconte que des soldats de la garnison vénitienne, auraient au moment de l'assaut suprême, attaqué les assiégés par derrière, ce qui décida de la prise de la ville. Ils furent d'ailleurs enveloppés dans le massacre général qui suivit la conquête. Le grand maître des Hospitaliers, étant à même d'être bien informé sur ce funeste événement, il m'a paru nécessaire de faire ressortir cette circonstance.

Cote. — 25 août 1470. — Lettre adressée au prieur de Champagne, par le grand maître de l'ordre de Saint-Jean de Jérusalem et la maison de Rhodes, où ils racontent les ravages des Turcs et la prise de Négrepont, et appellent les secours des chevaliers de l'Occident.

Frater Baptista de Ursinis, dei gracia, sacre domus Hospitalis Sancti Joannis Jerosolimitani, magister humilis ac pauperum Jhesu Christi custos, et nos conventus Rhodi domus ejusdem, Venerabili ac religioso magistro, nobis precarissimo, fratri Girardo Duhem, prioratus nostri Campanie prior, salutem in domino, et nostris parere mandatis.

Non sine cordis nostri gravi amaritudine calamitates et nobis impendentes jacturas, significare possumus. Accepit dudum Oriens dolenda admodum et teterrima vulnera, cum Turcorum princeps truculentissimus, regiam illam et imperialem magni Constantini urbem suo adicit imperio, et cum vires dilatans in Lempnum et Lesbum, celebres insulas, ingenti classe parata, exercitum *Distinguli* (sic), quas brevi et intollerabili pugna adeptus est. Fuere profecto he clades gravissime, ubi tot scelera, tot cedes, tot crudelitatis genera apparuere. Sed non minora existimanda sunt, que hodierna die, ipse Turcorum rex nephandissimus, scelesto concepit animo, et que christiane religioni et christicolis orientalibus intulit. Continebat prius classem intra angustias Helespontis maris; verebatur quoque Yonnium, Egeum atque Carpatium mare navigare, et classem ad insulas Ciclades delendas, ob christianorum potentatum micter timebat. Nunc vero, preteritis victoriis estuans, intrepide cùm superioribus men-

[1] *Histoire de l'Empire ottoman*, tome III, pages 131 et suivantes.

sibus grandem classem in litore Galipolis ediflcâsset, maximo nactus apparatu maritimo, et non minoribus terrestribus copiis munitus, Helespontum exivit, Egeumque mare plenis velis navigans, Euripum, insulam celeberrimam, continenti propinquam, aggressus est.

Ibi pontes ligneos miro artificio struxit, quo transitus facilior in insulam commilitonibus pateret, machinas, et diversa tormentorum genera, quibus menia urbis Nigropontis dirueret, in oppositis lictoribus collocavit; priusquam eam urbem armorum vi adoriri statuisset, decrevit incolarum animos temptare, si sese dedituri subicere vellent. Qui, firmatis presidiis, forti constantique animo pocius extrema omnia perpeti, quam deditionem indecoram subire, responderunt. Et ita cives illius inclite urbis, et hi presidio loci erant jurejurando adacti, tutari et urbem deffendere exquisitis ac munitissimis remediis, parant. Non animos fide orthodoxa munitos, immanissimi inimici mine terruerunt, non excogitata ingenia a constancia dimoverunt, nec insultuum ac oppugnacionum assiduorum impetus, fortes viros consternari valuerunt. Oppugnant et aggredientur turci validissimis viribus civitatem Nigropontis; non desunt cotydiani impetus ut muros scandant, peritissimus quisque prout a duce institutus, artes fabricat ut dicioni sue urbem subiciat, impavidi cives, signo crucis Domini nostri Ihesu Christi firmati, vires viriliter opponunt. Non parcitur intra urbem ulli sexui, ullive etati; cuncti operi ac tuicioni se accingunt, quamvis crebris machinarum ictibus, Turci muros civitatis concuciatis, assiduis quoque aggressibus cives adoriantur, ut nec quies, nec locus respirandi daretur.

Tamen non desunt oppidani qui viriliter resistant, pugnatumque est itaque dies triginta, nec ab armis cessatum est quousque Turci machinis muros urbis qui mari adiacent, magna ex parte diruissent, ut magnus hyatus civitatis pro aditu pateret. Nictuntur, eo in loco, cives vires opponere, et presidiis opportunis subvenire.

Turci illuc toto impetu, continuant, ingredique conantur. Nec fuissent certo Turci victores, nisi repens intestinum bellum exortum esset. Pugnantibus autem inimicis, quidam gregarii milites, qui publico stipendio obnoxii, huic loco presidio erant, Sathane acumini, immemoresque divine salutis, a tergo cives aggrediuntur. Fit cedes a Turcis; proditores intra urbem cunctos trucidant. Sic in ancipiti civitas posita, miserabiliter expugnantur, jugulantur cives; puberes interimuntur; virgines, vidue, matrone ad stuprum rapiuntur; juvenes fidem abnegant, matrimonia promiscua cum Turcis celebrantur, que partus ritibus machumeticis imbuendos edant et pariant. Infinita pene plebes insule in servitutis jugum redigitur, pars quoque insulanorum que jugo voluntario subici noluit, perimitur. Ubique cedes, ubique rapine, ubique stupra, ubique sanctarum reliquiarum polluciones. Nullus locus, nullus aditus, nullus conspectus a crudelitate et immanitate vacuus est. Omnia sunt oppleta pollucionibus, omnia sceleritate fedata.

Quis talia fando temperet a lacrimis? Amissa est urbs inclita, amissa est urbs celeberrima, amissus est portus omni classi fi du te aptissimus. Potitur Turcus hoc receptaculo et portûs asilo tutissimo, ubi classis cius potentissima hyemare et vires sumere in dies potest. Tumescens inimicus tali tantaque victoria, et nullos conatus christianorum pertimescens, classem ipsam impugne..... vagari in Egeo pelago jussit, quo effectum est ut mirus terror cunctas insulas incesserit. Contremit totus Oriens : pavent insule Ciclade ; jam spes non relinquitur. Deseruntur ab incolis Andros que jam suo imperio cessit, niveaque Paros et bachita Naxos. Non sunt sine magnis anxietatibus atque periculis, masticea Chyos, Creta, Rhodus, Cyprus et insule adjacentes. Choos, Lerro, Calamos ignorant quid agere debeant, insulam, exemplum tante victorie et crudelitatis cernentes, cùm civitas munitissima imperio Venetorum subdita, et tanto venete classis firmata presidio, accrioribus viribus oppugnata, tam crudeliter expugnata sit.

Quid igitur de ceteris futurum sit, facile coniectari potest, nisi tetram mentem nephandus hostis alio commitat. His gravissimis vulneribus perculsi, incertum nobis est quid agere, quove nos dirigere debeamus, nisi divino implorante auxilio, nos ad tantas vires excipiendas parare munimus. Itaque in dies noctesque, hanc Rhodum civitatem, et nos tuicioni paramus, vestrum presidium, vestrum auxilium, vestrum favorem experientes.

Adduntur preterea his nostris terroribus, penurie et cunctorum rerum inopie, agrorum sterilitas, fructuum tenuitas, commilitonum paucitas, eris alieni obligaciones, et rerum omnium necessitas. Non hec fingimus que exprimimus, vera sunt hec, et vera jampridem aliis nostris licteris presignificavimus. Videte ergo, fratres prekarissimi, quibus in periculis angustiis, anxietatibus, jacturis, penuriis, constituti sumus! Concipere potestis, vestro perpicaci ingenio, maiora esse facta quam dicta. Vellemus audiretis clamores, ejulatus et populi nostri vociferaciones, qui, vestrum presidium, auxilium ac subvencionem, tanto terrore civitatis expugnacionis perculsus, implorat.

Hic siquidem populus christianus nostre fidei commissus est; reddituri sumus de eo coram judice et eterno creatore, racionem.

In salute Rhodie urbis tocius ordinis nostri salus et quies versatur. Videte cur cruce signati estis! Videte quid professi sitis! Videte, fratres carissimi, quid Deo vovistis! Accelerate gressus vestros, et nobis omni firmo presidio succurrite, atque subvenite! Non vos detineant domestice voluptates. Non distrahant a sancto proposito tecta delicata; sed tanquam Christi veri athlete ad tuicionem Rhodie civitatis, ad conservacionem ordinis nostri, qui vos aluit, nutrivit, provexit, ad consolacionem populi nobis commissi.

Si nosmet rebus nostris ac statui universi ordinis non consulimus, qui subveniunt, certe non erit. Compulsi itaque his tantis; ut debite tuicioni nostre provideamus, in publicatione generale mandatum facere decrevimus et fratres..... nostros quos armis aptos cognovimus, ad nos vocare statuimus. Ea propter, serie presencium integre maturo et deliberato consilio, vos prefatum venerabilem priorem, ac ceteros preceptores et fratres, in calce huiusmodi nostrarum licterarum, nominatos, et unumquemque eorumdem, monemus, ortamur, et si opus sit, in vim vere obediencie, ac sub pena damnate rebellionis, privationis habitus, beneficiorum quoque et officiorum, per vos et eos in nostra religione, habitorum et habendorum, vobis et eis iniungimus, precipimus et mandamus, ut, visis presentibus, omni delacione, excusacione et contradicione cessante, vos prefatus prior, ac infrascripti preceptores et fratres, et quilibet eorumdem, preparetis et disponatis, taliter ut, cum primo passagio muniti, et armis, comitiva, comeatibus et rebus bello necessariis, Rhodum accedere personaliter debeatis, et debeant, atque omnino teneantur. Quod si aliqui tepidi, negligentes, aut contumaces, quod non credimus, in exccucione huiusmodi nostrorum mandatorum fuerint, contra vos et eos procedemus, procedique faciemus, tanquam contra inobedientes et rebelles, mandatorumque nostrorum contemptores. Et ut vos, prefatus prior, ac ceteri preceptores et fratres infranominati, quos in nostrum subsidium vocamus, liberius expensis itineris, subvenire valeant, vobis et eisdem vocatis, et eorum cuilibet per presentes plenariam auctoritatem, facultatem et potestatem ad tres annos, pecuniis anticipatis, arrendandi et afficiandi prioratum, cameras priorales ac preceptorias et beneficia, cum fructibus et redditibus, salvis tamen juribus dimidiatarum annatarum nostri communis thesauri, et ceteris oneribus impositis ac imponendis, eidem thesauro infallibiliter exsolvendis, damus, concedimus et donamus. Ordinamus autem quod fratres dicti nostri prioratus, tam preceptores quam ceteri, qui, vigore presencium citati et vocati non sunt, pro sua facultate, nostre tuicioni subveniant, pecunias aut alias res opportunas et necessarias contribuendo et clargiendo, ut onerum religionis nostre, nullus immunis aut expers evadat. Nomina autem eorum quos una cum prefato venerabili priore, per presentes vocamus et citamus, sequuntur : Religiosi ratres Riverius Pot preceptoriarum de Chalons, Petrus de Bosco Rotondo de la Romagne, preceptores Desiderius Grognet, Theodoricus de Sancto Lupo, Johannes Bayart, Johannes de Fer et Petrus du Chastelet. In cujus rei testimonium Bulla nostra communis plumbea presentibus est appensa.

Datum Rhodi, in nostro conventu, die vicesima quinta mensis augusti, anno ab incarnacione domini millesimo quadringentesimo septuagesimo, Registrata in cancellaria Rhodi et in tergo signata Caorsius vicecancellarius. Datum sub sigillo preceptorie Beate Marie Magdalene de Divione, ac eciam sub signo manuali notario (sic) subscripto, die nova mensis februarii, anno ut supra. Datum pro copia dictarum litterarum superius transcriptarum sub sigillo capituli nostri Campanie die decima sexta mensis januarii, anno et die quibus supra. Sic signatum J. GUILLES.

Signé : « J. LE BOVETET », avec paraphe.
Arch. de l'Yonne. H. 2211 (Supplément).

ERNEST LEROUX, Éditeur, rue Bonaparte, 28.

ALBUM ARCHÉOLOGIQUE
DES
MUSÉES DE PROVINCE
PUBLIÉ SOUS LES AUSPICES DU MINISTÈRE DE L'INSTRUCTION PUBLIQUE
ET SOUS LA DIRECTION DE
M. ROBERT DE LASTEYRIE, membre de l'Institut.

Cette publication est destinée à faire connaître les trésors que possèdent les musées archéologiques des départements, les œuvres d'art et les monuments de tous genres qui y sont rassemblés. Nos collections provinciales, dont le nombre dépasse trois cents, n'ont été, que depuis quelques années, l'objet d'études sérieuses ; elles n'ont aussi commencé à recevoir des installations dignes de leur importance que dans quelques Musées privilégiés. Ne devrait-on point cependant comprendre combien la conservation et l'étude de tous ces débris des anciens âges peuvent avoir d'importance et d'utilité pratique, non seulement au point de vue de l'histoire et de l'archéologie, mais au point de vue même de l'art.

M. le Ministre de l'Instruction publique a pensé qu'un album archéologique des Musées de province, entrepris sous son haut patronage, pourrait être utile à la cause de ces Musées, en mettant en lumière les richesses qu'ils renferment. M. R. de Lasteyrie, membre de l'Institut, et ses savants collaborateurs, n'ont rien négligé pour répondre au patriotique désir de M. le Ministre, et pour que la publication entreprise sous ses auspices fût digne du but poursuivi.

L'ouvrage comprend un historique et une bibliographie détaillée de tous les Musées de province, un texte explicatif et raisonné, et une série de planches reproduisant en héliogravure (procédé Dujardin) ou en chromolithographie, les monuments les plus intéressants de nos collections nationales.

La publication se fait par livraisons de format in-4°. — On souscrit à la première série, qui se composera de 80 planches et de plus de 600 pages de texte, au prix de. . . . . 100 fr.

La première livraison, contenant les feuilles *a-g* et 1-6, et 8 planches en héliogravure, est mise en vente au prix de . . . . 12 fr.

SOMMAIRE : Introduction. — Bibliographie des Musées de province (R. de Lasteyrie). Pl. I. Statue de chanoine du Musée du Mans (R. de Lasteyrie). — Pl. II. Jupiter du Musée d'Évreux (Salomon Reinach). — Pl. III. Bahut d'ébène du Musée d'Angers (R. de Lasteyrie). — Pl. IV. Verre de Charlemagne du Musée de Chartres (Ch. Schefer, de l'Institut). — Pl. V. Diptyque d'ivoire du Musée de Lille (E. Molinier). — Pl. VI-VII. Hermaphrodite, du Musée d'Epinal (S. Reinach). — Pl. VIII. Tombeau de Charles Ier de Lalaing, du Musée de Douai (Léon Palustre).

La seconde livraison comprend 16 planches en chromolithographie et en héliogravure avec texte. Prix . . . . 24 fr.

SOMMAIRE : Les vases grecs inédits du Musée de Boulogne, texte par M. Pottier, 10 pl. en chromolithographie. — Triple Hécate d'Amiens (S. Reinach), 1 pl. — Ivoire Carolingien d'Amiens (R. de Lasteyrie), 1 pl. — Coffret de Clermont (E. Molinier, 1 pl. — Triptyque de broderie du Musée de Chartres (R. de Lasteyrie), 1 pl. — Tombeau de Charles de Lalaing, Musée de Douai (Palustre), 1 pl.

www.ingramcontent.com/pod-product-compliance
Lightning Source LLC
Chambersburg PA
CBHW070429080426
42450CB00030B/1836